本书是2021年度国家社科基金重点项目"中国共产党革命精神

谱系研究"（项目编号：21ADJ011）的阶段性成果

高等学校中国共产党革命精神与文化资源研究中心

教育部高等学校社会科学发展研究中心　组编

红色旧址手绘系列读本

王炳林　杨敬民·总主编

百年红色记忆

河北卷

戴建兵 ◎ 主编

中国文史出版社

图书在版编目（CIP）数据

百年红色记忆. 河北卷 / 戴建兵主编 . -- 北京：
中国文史出版社，2020.11

（红色旧址手绘系列读本）

ISBN 978-7-5205-2859-7

Ⅰ.①百… Ⅱ.①戴… Ⅲ.①革命纪念地—河北—图
集 Ⅳ.① K928.72

中国版本图书馆 CIP 数据核字（2020）第 251937 号

责任编辑：金　硕　胡福星

出版发行：中国文史出版社

社　　　址：北京市海淀区西八里庄路 69 号　邮编：100142

电　　　话：010 - 81136606　81136602　81136603（发行部）

传　　　真：010 - 81136655

印　　　装：三河市华东印刷有限公司

经　　　销：全国新华书店

开　　　本：710mm×1000mm　1/16

印　　　张：13.5

字　　　数：194 千字

版　　　次：2023 年 4 月北京第 1 版

印　　　次：2023 年 4 月第 1 次印刷

定　　　价：98.00 元

总　序

王炳林

(教育部高等学校社会科学发展研究中心主任)

习近平总书记指出，"革命文物承载党和人民英勇奋斗的光荣历史，记载中国革命的伟大历程和感人事迹，是党和国家的宝贵财富，是弘扬革命传统和革命文化、加强社会主义精神文明建设、激发爱国热情、振奋民族精神的生动教材。"从建党的开天辟地，到新中国成立的改天换地，到改革开放的翻天覆地，再到党的十八大以来的惊天动地，一路走来，中国共产党人在创造辉煌历史和精神财富的同时，也留下了灿若星辰的革命旧址。这些旧址犹如一个个脚印，印证着中国共产党诞生、发展、壮大的波澜壮阔的历程。如果说百年历史是一幅宏伟壮丽的历史画卷，那么这一处处革命旧址就是画卷上一抹抹鲜艳亮丽的色彩；如果说百年历史是一首气壮山河的乐曲，那么这一处处革命旧址就是乐章中一个个有着铿锵韵律的音符。

红色革命旧址主要包括革命人物旧居、重要战场遗址、重大革命事件发生地、重要革命建筑，以及为纪念重大事件和缅怀英烈而建的各类纪念建筑等，从南湖红船到井冈山革命根据地，从延安宝塔山到北京香山，从上海石库门到北京天安门……串联起革命、建设和改革的全过程，记录着中国共产党团结带领中国人民为争取民族独立、人民解放和实现国家富强、人民富裕而不懈奋斗的历史，见证着中国共产党人的初心使命，承载着中华民族共同的历史记忆，是进行爱国主义和革命传统教育的宝贵历史资源。革命旧址蕴藏着爱国、团结、奋斗、创造、梦想等优秀特质和禀赋，深刻影响着当代中国人的精神世界，是凝聚人心、推动社会进步的强大力量。因此，充分认识革命文物工作在见证革命历史、弘扬革命精神上的重要作用，切实把革命文物保护好、管理好、运用好，对激发广大干部群众的精神力量，信心百倍为全面建设社会主义现代化国家、实现中华民族伟大复兴中国梦而奋斗有重要意义。

在中国共产党成立100周年之际，教育部高等学校社会科学发展研究中心、高等学校中国共产党革命精神与文化资源研究中心联系相关高校，以省域为单位组织编写《红色旧址手绘系列读本》。在时间上，主要突出从1919年五四运动爆发至1949年中华人民共和国成立的革命历史，适当向社会主义革命和建设时期延伸；在空间上，主要涵盖了北京、河北、黑龙江、湖北、江西、浙江等六省市的红色遗存；在类型上，主要突出重要领导机构旧址、重要会议旧址、重要人物故居、重要事件遗址遗迹、重要纪念地场馆等，并适当向相关爱国主义教育基地延伸；在表现形式上，坚持艺术的真实与史实的真实相结合，线条为主，晕染为辅，凸显革命旧址的主体性与符号性，展现中国共产党艰辛而又辉煌的奋斗历程，注重形神统一，营造较强的视觉冲击力和艺术感染力。

本书力图呈现以下特点：

一是坚持政治性和艺术性相统一。"文章合为时而著，歌诗合为事而作。"突出用艺术来讲政治，以中国共产党发展历程中重要红色遗址为主要内容，通过精美的手绘、生动的语言、丰富的史料、严谨的编排，创新革命文化传播方式，为开展党史学习教育提供生动教材。通过运用构图、线条、造型、色彩等艺术手法，以图读史、以图学史、以图记史、以图证史，多角度挖掘革命旧址的崇高美，增强爱国主义和革命传统教育的感染力。书中呈现的一幅幅画作，不仅是对革命旧址艺术化的展现，更是对党领导人民革命、建设、改革实践的钩沉。这些场景连点成线、串线成面，共同交织出中国共产党百年波澜壮阔的奋斗历程，让读者在感受红色旧址美感的同时，经受灵魂的洗礼。

二是坚持学术性和通俗性相统一。以党的三个历史决议为依据，选取中国共产党百年历程中具有典型性和代表性的革命旧址进行展现，勾勒出中国共产党艰苦卓绝的奋斗史，系统展现重要思想理论和历史活动，具有一定学术价值。在介绍革命旧址的基本状况、文保状况时，注重与时俱进吸纳革命文物普查的最新资料。描述革命旧址相关的历史事件、重要人物时，注重突出主题主线、主流本质，旗帜鲜明反对历史虚无主义。在坚持学术性的同时，注重运用通俗化的语言生动活泼地讲好革命故事，做到以情动人、以故事感染人。

三是坚持历史性和现实性相统一。革命历史波澜壮阔，红色旧址光芒永存。红色革命旧址是党史研究的聚宝盆，革命精神传承的压舱石，红色文化资源育人的主阵地。着力通过展示旧址讲党史，突出见人见物见精神。引导人们在求"历史之实"的基础上进一步求"历史之是"，在对历史与现实的比较中，弄清楚红色政权是从哪里来的、新中国是怎么建立起来的，不断增强道路自信、理论自信、制度自信、文化自信。

希望丛书的出版，能够让读者在感受艺术熏陶的同时，更为直观地了解中华英雄儿女为革命、建设、改革不懈奋斗的历史。书的图片和文字是静止的，但精神却是跃动的。如果能够通过这套丛书的出版为创新红色基因传承路径提供一些借鉴和参考，那无疑是所有编撰者的最大心愿，也必将成为我们继续推进以省域为单位的红色旧址手绘系列读本编绘工作的强大动力。

2021 年 11 月

前　言

　　河北是革命老区，有着光荣的革命传统和革命历史。无数共产党人在这里战斗、生活，留下了众多的革命旧址。河北是中国共产党主要创始人之一李大钊的故乡，是全国最早传播马克思主义和建立中国共产党早期组织的地区之一，是党领导中国革命的早期重要实践地。中国第一个农村党支部就诞生在衡水市安平县台城村。抗日战争时期，河北是华北敌后抗战的主战场之一，八路军三大主力都曾在河北境内活动，并在这里建立了全国第一个敌后抗日根据地——晋察冀抗日根据地，建立了幅员广阔、人口众多的敌后抗日根据地——晋冀鲁豫抗日根据地。解放战争时期，河北是解放战争的战略指挥中心和重要战场，西柏坡更是中国革命的最后一个农村指挥所。在这里，中国共产党召开全国土地会议，颁布实施《中国土地法大纲》，废除封建剥削制度，实行耕者有其田；党中央、毛泽东主席指挥辽沈、淮海、平津三大战役取得胜利，为中国革命在全国的胜利奠定了基础；召开中共中央"九月会议"和党的七届二中全会，规划了新中国的宏伟蓝图，制定了新中国的建国方略，明确了从农村向城市、从战争向和平建设、从新民主主义向社会主义转变的发展道路。也是从这里出发，中国共产党人开启了波澜壮阔的"赶考"历程。

　　河北省乐亭县是伟大的马克思主义者、中国共产党的先驱李大钊的故乡。乐亭县大黑坨村的李大钊故居、乐亭县城内的李大钊纪念馆以及位于昌黎县五峰山的韩文公祠——李大钊革命活动旧址，记录了李大钊的成长足迹，也记录了李大钊在这里进行马克思主义传播的拓荒、播种和护种等重要革命活动。在李大钊等一批中国共产党人的领导下，河北大地上掀起了马克思主义传播的高潮。1923 年，安平县台城村人弓仲韬由李大钊介绍加入中国共产党。1923 年 8 月，弓仲韬组建了中国共产党第一个农村党支部——台城特别支部，开创了中国农村党建的先河，对中国农村党的建设产生了深远影响。如今的全国第一个农村党支部纪念馆，记录和展现了当年在农村建立基层党组织的艰辛过程。

抗日战争时期，河北成为敌后抗日的重要战场。广大河北人民在中国共产党的领导下，进行了艰苦卓绝的斗争。1937 年 9 月，抗日战争全面爆发后不久，聂荣臻率一一五师一部及军政干部，广泛发动和武装群众，展开游击战争，以太行山麓的河北省保定市阜平县为起点，创建了晋察冀抗日根据地。这是我党我军创建的第一个敌后抗日根据地，不仅成为华北抗战的坚强堡垒，也是对日进行战略反攻的前沿阵地。中共中央和毛泽东主席誉之为"敌后模范的抗日根据地及统一战线的模范区"。八路军一二九师组成若干游击支队和工作团，分赴晋东南、晋冀、冀豫等地区开展游击战争，并先后建立了太行、太岳、冀南军区，加上一一五师一部建立的冀鲁豫军区，共同组成了中国共产党在敌后创建的最大的根据地——晋冀鲁豫抗日根据地。晋冀鲁豫抗日根据地，是华北抗日游击战争的心脏和指挥中枢，在中国人民抗日战争中占有重要地位。抗日军民依托河北大地上广阔的抗日根据地，给日本侵略者以沉重打击。日寇采取了残酷的"三光"政策加以报复。在艰苦的群众性反"扫荡"斗争中，河北军民采用地道战、地雷战等战法，有力打击了日本侵略者。在冀中平原上，河北保定清苑县冉庄地道战功绩显赫；在冀南山区，邯郸市峰峰矿区义井镇山底村利用古地道，进行大规模扩建和连通，修成了户户贯通、功能齐全的大规模地道，多次打退日军"围剿",起到了有效消灭敌人、保存自己的作用;在白洋淀,雁翎队活跃在水上,进行了艰苦的水上游击战。

在壮烈的战火中,河北涌现出了许多可歌可泣的英雄人物和动人事迹。如著名的狼牙山五勇士、回族抗日英雄马本斋等。在中国人民抗战最艰苦的时刻,国际主义战士白求恩、柯棣华等人也奔赴抗日前线,在河北这片热土上谱写了他们人生中最璀璨的篇章。1939年4月,白求恩随贺龙指挥的一二〇师转移至河北河间县城东北齐会战场,在齐会歼灭战打响的三天三夜里,白求恩连续工作69个小时,抢救伤员115名,创造了战地治愈率最高纪录。白求恩在医治伤员时被细菌感染,11月12日于河北唐县逝世。"白求恩精神"至今仍为一代代中国人所传颂。

解放战争时期,河北既是中国革命的领导中心,又是解放战争的主战场之一。石家庄是解放军攻克的第一个大城市。中国共产党在此摸索出了接收和管理城市工作的经验。而西柏坡这个千百年来名不见经传的河北小山村,更是因为天然禀赋和机缘巧合,见证了一段中国革命的辉煌历史,引领了中国社会历史的巨大变迁,因而被载入中国革命的史册,成为红色革命圣地之一。1947年5月,刘少奇、朱德率中央工委进驻西柏坡。1948年5月,毛泽东、周恩来、任弼时率中央前委和解放军总部到西柏坡与中央工委会合。在这里,中国共产党召开了全国土地会议,通过了《中国土地法大纲》;指挥了三大战役;召开了中国共产党七届二中全会。1949年3月23日,中共中央和解放军总部离开西柏坡,向北平进发。新中国从这里走来。

燕赵自古多慷慨悲歌之士。在中国共产党领导的伟大事业中,无数燕赵儿女为救民族于水火,为践行理想与信念,抛头颅、洒热血,前赴后继,视死如归。从以身许党、忠于信仰的李大钊、弓仲韬、董振堂,到不畏牺牲、奋勇杀敌的马本斋、狼牙山五勇士、董存瑞,无数革命先烈将热血洒在河北这片沃土上。狼牙山五勇士跳崖处、华北军区烈士陵园、双凤山革命陵园、冀东烈士陵园、晋冀鲁豫烈士陵园、冀南烈士陵园、察哈尔烈士陵园、董存瑞烈士陵园、热河烈士陵园、冀中烈士陵园……遍布河北大地的烈士陵园，如同一座座丰碑，彰显着河北人民的革命热血与家国情怀，也承载着中国共产党人对理想信念的执着与坚定。

中国共产党领导人民在河北这片土地上进行伟大的革命斗争中，留下了许多珍贵的红色革命旧址。据统计，目前河北省范围内存有重要不可移动革命文物 2000 余处，尤以沿太行山、长城一带更为集中。其类型包括党的重要机构旧址，重要党史人物的故居、旧居、活动地，重要事件、重大战役战斗遗址，具有重要影响的革命烈士事迹发生地或墓地，以及为纪念重大事件和缅怀英烈而建的各类建筑等。

红色革命旧址记录了中国革命波澜壮阔的斗争史，蕴含着中国共产党和中国人民坚定信念、艰苦奋斗、不屈不挠、敢于胜利的革命精神，是中国革命的重要历史见证，承载着中国共产党的初心和使命，是国家百年红色记忆的版图和印迹。以美术绘画的艺术形式描绘红色旧址，是进行爱国主义宣传和革命传统教育的有益活动，具有以图证史的历史价值和教育价值。

2021 年 11 月

目 录

CONTENTS

西柏坡纪念馆

　　西柏坡位于河北省平山县中部，是解放战争时期中共中央、中央工委和解放军总部的所在地。1947年5月，刘少奇、朱德率中央工委进驻西柏坡。1948年5月，毛泽东、周恩来、任弼时率中央前委和解放军总部到西柏坡与中央工委会合，西柏坡成为当时中国革命的领导中心。在这里，党中央召开了中国共产党全国土地会议，通过了《中国土地法大纲》；指挥了辽沈、淮海、平津三大战役；召开了中国共产党七届二中全会。1949年3月23日，中共中央和解放军总部离开中国革命最后一个农村指挥所——西柏坡，向北平进发，筹建新中国。新中国从这里走来。

西柏坡纪念碑

　　西柏坡纪念碑修建于1993年毛泽东同志诞辰100周年。纪念碑高18.93米，寓意毛泽东同志出生于1893年。碑名为"革命圣地西柏坡"，碑文的内容是江泽民同志题写的"牢记'两个务必'，建设有中国特色的社会主义"。在那些历经沧桑的时间里，从一座充满了历史内涵的纪念碑化为不朽精神的丰碑，矢志不渝的西柏坡精神将永远传承下去。

西柏坡中共中央旧址

　　西柏坡中共中央旧址建筑为砖木结构平顶房，房屋154间，防空洞232米。1948年9月，中共中央在这里召开九月会议，毛泽东、周恩来、朱德等在这里指挥了辽沈、淮海、平津三大战役。1949年3月5日，中国共产党在西柏坡召开了具有重要意义的七届二中全会。

西柏坡中央军委作战室

中央军委作战室坐北朝南，共有5间。当时，作战室的具体工作任务是研究汇集敌我双方的作战情况，及时向党中央、毛主席报告，并根据党中央、毛主席的指示下达命令。据不完全统计，中共中央和中央军委在西柏坡短短10个月里组织指挥了20余次规模较大的战役。

中共七届二中全会会址外景

　　悬挂着党旗的中共七届二中全会会址入口标有入党誓词和"牢记两个务必 始终保持共产党员的先进性"的标语。从农村到城市，从南湖红船到西柏坡，始终怀揣着初心的共产党人一路上披荆斩棘，走向了革命的胜利。从入党誓词到"两个务必"，一脉相承的初心与使命是激励中国共产党人不断前进的根本动力。怀古咏今，乘风破浪的共产党人必将在初心和使命的昭示下勇立潮头，克服困难勇向前。

中共七届二中全会会址内景

在中国革命转折关头召开的党的七届二中全会，具有重大的历史意义。这次会议描绘了新中国的宏伟蓝图，确定了新中国的大政方针，为促进和迎接全国胜利的到来，为推动和发展新中国的各项建设事业，实现由新民主主义向社会主义的转变，从政治上、思想上和理论上作了重要准备。七届二中全会首次提出"两个务必"——务必使同志们继续地保持谦虚谨慎不骄不躁的作风、务必使同志们继续地保持艰苦奋斗的作风。

毛泽东西柏坡旧居后院

　　图为毛泽东西柏坡旧居后院，后院西房北边一间是毛泽东的书房兼资料存放室。毛泽东在西柏坡期间，写下了许多光辉著作，仅收入《毛泽东选集》第四卷中的就有20篇，进一步丰富和完善了毛泽东思想。

"新中国从这里走来"主题浮雕

　　主题浮雕栩栩如生地雕刻出了以毛泽东为代表的第七届中央委员会77位中央委员和中央候补委员的姿态。他们形态各异，每个人的脸上都充满了对未来的憧憬。历史早已证明"没有共产党，就没有新中国"。在中国共产党的领导下，全国各族人民勠力同心，创造出了光辉的历史功绩。可谓"藏身巍峨太行，精神万丈光芒"。

韩文公祠——李大钊革命活动旧址

韩文公祠——李大钊革命活动旧址位于河北省昌黎县五峰山。明朝崇祯十四年（1641年）春天，驻守山海关的山石道员、河南虞城进士范志完到昌黎县城拜谒韩文公祠，在游览碣石山时，被五峰山的绮丽风光深深吸引，主持在原有主祀观音菩萨的圆通寺西边再建一座韩文公祠。1907—1924年，中国共产主义运动的先驱、中国共产党的主要创始人之一李大钊曾八次到韩文公祠游览，写下了《再论问题与主义》《我的马克思主义观》等论著。李大钊在这里进行马克思主义在中国传播的拓荒、播种等重要的革命活动。

1948年原祠坍塌倒毁。为缅怀革命先烈、保护古迹，1985年昌黎县人民集资重修韩文公祠，1987年7月30日竣工，并在其对面五峰岭上树立了李大钊同志站立石雕像一尊。韩文公祠——李大钊革命活动旧址1997年被河北省委、省政府确定为省级爱国主义教育基地，2010年被列为全国第二批红色旅游经典景区。韩文公祠——李大钊革命活动旧址与乐亭县大黑坨村李大钊故居纪念馆和乐亭县城李大钊纪念馆，一同成为李大钊家乡一带的李大钊重要纪念地。

1889—1927

李大钊雕像

韩文公祠对面的五峰岭上矗立的李大钊汉白玉雕像是1985年昌黎县人民集资11万元重修五峰山韩文公祠时，为缅怀李大钊所设立的。李大钊先生作为中国共产党的主要创始人之一，他的道德、学问和文章影响和哺育了五四时期整整一代先进青年；他身上体现出的时刻牵挂国家兴亡、时刻不忘人民疾苦并为之奋斗的精神和风范，永远值得我们敬仰和提倡。

英雄先烈是民族的脊梁，在那个艰难困苦的社会环境下，不怕牺牲的李大钊用实际行动诠释了一名共产党员的政治本色，用赤子丹心书写了对党的事业的无限忠诚。"铁肩担道义，妙手著文章"是李大钊一生的真实写照，他把人民的利益扛在肩上，用一双妙手为当时中国的未来道路引来"明灯"。

中国最早的马克思主义者

李大钊

"昌黎五峰" 石刻

　　图为李大钊先生所书写的"昌黎五峰"石刻，笔力遒劲，线条流畅。李大钊在北京英勇就义后，五峰山韩文公祠因与李大钊烈士的英名紧密相连而闻名遐迩，这里也是李大钊的主要纪念地之一。追怀李大钊先生在此地的青春韶华，那段非常规历程下的成长岁月，如同鲁迅先生曾经说的，"此后如竟没有炬火，我便是唯一的光。倘若有了炬火，出了太阳，我们自然心悦诚服的消失。不但毫无不平，而且还要随喜赞美这炬火或太阳；因为他照了人类，连我都在内。"

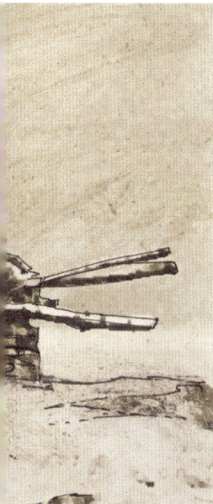

白求恩手术室旧址

白求恩手术室旧址位于河北省河间市卧佛堂屯庄村，原为真武庙，始建于明万历年间。1939年4月，加拿大籍医生、国际共产主义战士白求恩，随贺龙指挥的一二○师转移至河间县城东北齐会战场，战区医院就设在真武庙内，在齐会歼灭战打响的三天三夜里，白求恩连续工作抢救伤员115名，创造了战地治愈率纪录。白求恩在屯庄村工作生活了22天，为该村20多名群众患者治好了病，受到乡亲们称赞。白求恩无私无畏、忘我工作的精神，连同他的"战地手术室"一起被人们敬仰和传颂。

白求恩手术室旧址于1982年被河北省人民政府公布为省级重点文物保护单位，1995年被河北省人民政府公布为河北省爱国主义教育基地；1998年省地市三级投资157.23万元对纪念馆进行了重建、扩建，2001年7月正式对外开放，2004年被省人民政府定为河北省红色旅游线路之一，同年被省人民政府命名为国防教育基地纪念馆。

沕沕水发电厂旧址

沕沕水发电厂旧址位于河北省平山县沕沕水生态风景区内，是解放战争时期我党我军建设的第一座水力发电站，也是新中国水电事业的发祥地，新中国的第一盏明灯从这里点亮。1947年全国革命战争的形势处于战略转折关头，中央工委进驻西柏坡，着手解决晋察冀军事问题。晋察冀战争前线的枪炮子弹供不应求，兵工生产因缺乏能源动力效率低下。同时党中央即将迁往西柏坡，也急需照明、发报、广播用电。经中央工委批准，利用沕沕水百米落差的泉水瀑布建设水力发电站，于1947年6月动工，历时7个月，次年1月25日建成发电。

沕沕水发电厂竣工投产后，继续发扬革命精神，战胜困难，忘我工作，开足马力多发电，分秒不停地为西柏坡和周围兵工厂供电，为党中央和毛泽东指挥三大战役、解放全中国立下了不朽的功勋。沕沕水发电厂于1955年改为民用，继续为社会主义建设事业作出了巨大贡献。1975年

平山县政府投资扩建，并入石家庄电网运行。原发电设备停运，连同发电厂旧址作为历史文物保存，成为革命圣地西柏坡的重要组成部分，发挥着爱国主义教育和国防教育的作用。

汤汤水发电站发电机

    汤汤水发电站用的发电机是德国西门子制造的。当时条件十分艰苦，这台设备不是买来的，而是从敌人手里缴获的。水轮机是发电站的技术人员自己设计建造的。

沕沕水发电站碉堡

　　沕沕水发电站是解放区的第一座发电站，它的建立为我军的兵工厂提供了动力来源，为党中央和毛泽东指挥解放战争提供了通信支持。此图为沕沕水发电站园区内的碉堡。

陈庄歼灭战旧址

　　陈庄歼灭战旧址位于河北省灵寿县横山湖风景区内。旧址由陈庄歼灭战纪念碑、陈庄歼灭战烈士墓碑、陈庄歼灭战烈士墓群、贺龙指挥部、孙毅（原抗大二分校校长）骨灰撒放处碑、陈庄歼灭战陈列馆组成，占地面积约3.7万平方米。现为河北省爱国主义教育基地，河北省重点文物保护单位，石家庄市爱国主义教育基地等。

　　陈庄是晋察冀边区政治、经济、文化中心和军事要地，边区政府、抗大二分校、边区公安局、粮食局、边区银行等许多后方机关驻扎在这里。1939年9月，日本侵略者为了歼灭我抗日武装力量，捣毁设在这里的党政机关，对陈庄进行"围剿"。八路军一二〇师师长贺龙率部星夜驰援，与晋察冀边区聂荣臻部互相配合，经过五昼夜的喋血战斗，歼敌千余名，取得胜利。该战役被中共中央誉为抗日战争相持阶段敌后抗战的一次"模范歼灭战"，当时的国民政府致电贺龙"对敌陈庄血战，尽歼敌人，予敌重大打击，树立华北抗战之楷模，振军威于冀晋，特传令嘉奖"。

鲁柏山——陈庄歼灭战主战场

　　1939年9月28日，日军第十一混成旅第三十一大队加上伪军300多人，在放火烧了陈庄后后退，八路军一二〇师一部对后退之敌进行追击，日军沿慈河岸边的鲁柏山往东逃窜，进入八路军布下的"口袋阵"。双方在白头山进行了激烈的交战。日军损失了几百人之后逃到鲁柏山下的高阳庄、冯沟里和坡门口3个村子，企图负隅顽抗。一二〇师经过两天一夜的激战，歼灭了大量日军，剩余日军逃到了鲁柏山的主峰。30日晚，一二〇师七一六团攻上主峰，歼灭了残余的日军，取得了陈庄歼灭战的胜利。

八路军一二九师司令部旧址

八路军一二九师司令部旧址位于河北省邯郸市涉县赤岸村。

1940年刘伯承、邓小平率八路军一二九师挺进太行山区，开辟、创建了晋冀鲁豫抗日根据地，一二九师司令部12月底迁驻赤岸村，其司令部便设在村中央的小山坡上。刘伯承、邓小平、李达等老一辈无产阶级革命家在此领导广大军民，彻底粉碎了日军对根据地的残酷"扫荡"，指挥了解放战争中的上党、平汉等战役，为取得抗日战争和解放战争的胜利作出了重大贡献。新中国成立后，从这里走出了邓小平、刘伯承、徐向前和3位大将、18名上将、48名中将、295名少将，先后有近百名一二九师老领导担任党和国家重要职务，成为中国第二代领导集体的中坚力量，开创了中国改革开放的历史新纪元，这里因此被誉为"中国第二代领导集体的摇篮"。

1996年11月，一二九师司令部旧址被国务院公布为全国重点文物保护单位；1997年司令部旧址被中央宣传部公布为全国百个爱国主义教育示范基地。2017年1月，入选中国红色旅游经典景区名录。

中共晋冀鲁豫中央局旧址

中共晋冀鲁豫中央局位于河北省武安市冶陶镇冶陶村。1946年11月，中共中央晋冀鲁豫分局、晋冀鲁豫军区由邯郸进驻冶陶村的一个四合院内。董必武、刘伯承、邓小平、徐向前、薄一波、李达、滕代远、杨秀峰等在这里工作过一年半时间。

抗日战争胜利后，晋冀鲁豫边区成为我党我军同国民党反动派及其军队作战的重要战场。晋冀鲁豫中央局在冶陶村期间，受中共中央委托，于1947年5月和10月，先后召开了"华北财经会议"和"边区土地会议"。解放战争转入反攻阶段，它成为支援我各路大军彻底消灭蒋家王朝的重要后勤供应基地。就是在这一特殊历史时期，武安成为晋冀鲁豫广袤地区的首脑机关驻地，晋冀鲁豫边区的军事、政治、经济、文化、党组织各方面的建设都得到全面加强。在那个火热的年代，翻身解放的武安人民，积极参军参战，踊跃支援前线，为解放全中国作出了重大贡献。

中共晋冀鲁豫中央局旧址于2006年5月25日入选全国重点文物保护单位。

晋冀鲁豫中央局会议室

经过修缮保护的会议室旧址，窗明几净。华北财经会议、大军挺进大别山南征会议、土地会议、整党整风会议在此召开。

晋察冀军区司令部旧址（城南庄）

晋察冀军区司令部旧址（城南庄）位于太行山麓的河北省保定市阜平县境内。1937年聂荣臻以阜平为起点创建了晋察冀抗日根据地，是我党我军创建的第一块敌后抗日根据地。它不仅是华北抗战的坚强堡垒，而且是对日进行战略反攻和解放战争时期我军进军东北、夺取华北的前沿阵地。中共中央和毛泽东誉之为"敌后模范的抗日根据地及统一战线的模范区"。

1972年城南庄革命纪念馆正式建立，有两重院落，前院矗立着晋察冀军区司令员聂荣臻的铜像，后院是晋察冀军区司令部旧址，包括3排21间土坯房，其中有毛泽东、周恩来、任弼时等中央领导同志的宿办室，还有军区作战科、电话室和会议室。这是晋察冀军区司令部在河北阜平完整保留的机关旧址。该馆1982年被省政府确定为省重点文物保护单位，1994年以来先后被省市列为爱国主义教育示范基地，1996年被国务院公布为全国重点文物保护单位。

晋察冀军区司令部旧址（张家口六中）

　　晋察冀军区司令部于1945年8月27日从阜平迁至张家口，驻扎在现张家口六中院内"品"字形的欧式建筑物里，直至1946年10月10日战略撤退止。在此期间，聂荣臻、罗瑞卿、萧克、程子华等老一辈革命家在此指挥晋察冀军民，狠狠打击了破坏停

战协定、发动全面内战的国民党反动派。1946年3月1日，周恩来以中共代表的身份，偕叶剑英飞抵张家口，进行国共停战谈判，住宿在桥东解放大街的解放饭店（现为张家口宾馆）。

晋察冀军区司令部旧址（张家口六中）1984年被河北省人民政府公布为省级重点文物保护单位，1999年9月被批准为省级爱国主义教育基地。2004年省、市政府又拨款120万元，进行了重新修缮。

抗大陈列馆

中国人民抗日军政大学（简称抗大）陈列馆位于河北省邢台市信都区浆水镇前南峪村，距邢台市区60公里，是全国建馆时间最早、规模最大的一所全面反映中国人民抗日军事政治大学校史的陈列馆，拥有全国唯一一座抗大纪念碑和保存较为完整的抗大旧址群。

抗大是中国共产党在抗日战争时期创办的培养军事和政治干部的最高学府。毛泽东亲自担任学校教育委员会主任,林彪任校长。1939年,抗大根据党中央指示离开延安,挺进华北敌后办学。1940年11月4日,抗大总校转移到邢台市浆水镇一带,指导全国各个分校改进工作,培养了十万余名德才兼备的军政干部。

抗大陈列馆现为全国爱国主义教育示范基地、国家国防教育示范基地、全国红色旅游经典景区、国家二级博物馆、全国中小学生研学实践教育基地、全国爱国拥军模范单位、全国文明单位、首批"全国百个红色旅游景区"。

冀南山底抗日地道遗址

冀南山底抗日地道遗址，又称邯郸抗日地道遗址、邯郸市峰峰矿区山底抗日地道遗址，是我国规模较大、保存较为完整、巷道较长的抗日战争时期修建的地道。位于河北省邯郸市峰峰矿区义井镇山底村。1942年抗日战争进入最残酷的阶段，为了有效消灭敌人、保存自己，修成了户户贯通、功能齐全的地道。现存地道主巷1626米（9条大巷），复巷304米，支巷13666米，大洞室2个，小藏身洞关口6个，陷阱4个，直通枯井的地道2条，通向西山的地道1条，还有辐射王看、宿风等地的地道。

1961年冀南山底抗日地道被邯郸市列为重点文物保护单位，2005年被峰峰矿区人民政府命名为国防教育基地。2007年以来区委、区政府先后投资200余万元对遗址进行了抢救性保护，新建400平方米爱国主义教育展厅，修建了仿古文化一条街，使基地初步具备了接待游客和开展爱国主义宣传教育的功能。2020年9月1日，入选第三批国家级抗战纪念设施、遗址名录。

冉庄地道战遗址

　　冉庄地道战遗址，位于河北省保定市西南30公里处，是华北抗日战争中一处重要的战争遗址。冉庄地道以十字街为中心，直通村外和周边几个村，最后挖成户户相连、村村相通、四通八达、上下呼应，长达16千米的地道网。冉庄军民利用地道优势，在抗日战争和解放战争中，配合地方武装对敌斗争157次，为抗击日本法西斯侵略和祖国的解放事业作出了卓越贡献。

　　遗址内当年对敌斗争的大部分工事、地下设施、兵工厂等保存完好，村庄也仍保留着20世纪三四十年代冀中农村的环境风貌，使人犹如置身于炮火连天的战争岁月。1961年3月被国务院列为第一批全国重点文物保护单位，1994、1995、1997年，先后被河北省、团中央、中央宣传部列为爱国主义教育基地。现在的纪念馆展厅内，运用声、光、电等先进手段，生动地再现了当年地道战的情景。如今这里成了一处进行爱国主义教育和国防教育的旅游圣地。

冉庄修建在牲口槽的地道口

　　1941年秋，冀中平原的抗日斗争进入困难阶段，冉庄民兵依托地道，采取灵活机动的战术，将地道出入口有的设在室内墙角，有的利用牲口槽、风箱、锅台、井口等地，经过伪装，敌人很难发现。在多次战斗中给日伪军以沉重的打击，成为长期坚持冀中平原抗日斗争的坚强地下堡垒。地道战是坚持平原游击战争的一种有效的作战形式。

冉庄地道战纪念馆

1937年七七事变后，冉庄人民为保存自己，抵御外侮，于1938年开始挖地洞，并由单口洞逐步发展成为双口洞、多口洞和地道。最后挖成长达16千米的地道网。整个村落设有各种构思巧妙的地道口，并筑有战斗工事多处，构成一个立体火力交叉网，形成了能打能藏、可攻可守、进退自如的地下长城。冉庄民兵利用地道优势，在抗日战争和解放战争中，配合武工队、野战军对敌作战157次，歼敌2100余名，荣获"地道战模范村"称号。

当地现仍保留着20世纪三四十年代冀中平原村落的环境风貌和当年构筑的地道及各种作战工事，展厅内珍藏着大批宝贵的地道战文物，辅之以声光电等现代化展览手段展现当年情景；多处旧址的复原陈列，使人如置身于那烽火连天的抗日战争岁月。

1959年8月，冉庄地道战纪念馆落成，由聂荣臻元帅题写馆名。1961年，冉庄地道战遗址被国务院公布为首批全国重点文物保护单位。

狼牙山五勇士跳崖处

　　狼牙山位于河北省易县西南部，海拔1105米，山势险峻，状如狼牙。1941年日军进犯晋察冀根据地的狼牙山地区，为安全转移大部队和受伤战士，马宝玉、葛振林、胡德林、胡福才、宋学义等五人，把敌人引上狼牙山棋盘坨的悬崖绝壁。当退到峰顶时，子弹已经全部打光，五位勇士宁死不屈纵身跳下悬崖。马宝玉、胡福才和胡德林壮烈牺牲，葛振林、宋学义被山崖上的树枝挂住，幸免于难。

为了纪念狼牙山五勇士，1942年9月晋察冀军区在五勇士跳崖处修建了三烈士纪念塔，后毁于日军炮火。1959年易县重建纪念塔，聂荣臻元帅题写"狼牙山五勇士纪念塔"塔名，1986年再次修缮。五勇士纪念塔由纪念塔、碑廊、凉亭等组成，建筑面积400平方米。2001年河北省建造狼牙山五勇士陈列馆，杨成武将军题写馆名，馆内收藏大量的图片、历史资料和抗战文物。狼牙山五勇士跳崖处于1982年被河北省人民政府公布为河北省文物保护单位，1995年被河北省委、省人民政府公布为河北省爱国主义教育基地。

小莲花峰（远眺五勇士跳崖处）

　　1941年9月24日，3500多名日伪军从四面八方包围了狼牙山，当时担任掩护任务的六班就只剩下五位战士了，他们为了使敌人摸不清我主力部队撤走的方向，故意暴露自己，把敌人引向相反的方向，通往三面绝壁的小莲花峰上。到了下午三四点时，子弹用光了，石头也用光了，就剩下了班长马宝玉手中唯一的一颗手榴弹。同志们都深深地明白，这颗手榴弹是留给自己的，就都不由自主地靠近了班长，说"班长拉吧"！但是看着还在疯狂进攻的敌人，班长果断地把最后一颗手榴弹也甩向了敌群，他们把枪支摔坏，丢进深谷，班长马宝玉来到山崖前，高喊口号："打倒日本帝国主义，中国共产党万岁！"第一个纵身跳下了万丈深渊，接着副班长葛振林、战士胡德林、胡福才、宋学义也高喊口号，纷纷跳下大深谷，此时气壮山河的口号激荡在群山峡谷间，让山川呜咽，让百鸟哀鸣。

狼牙山五勇士纪念塔

　　五位勇士的壮举，体现了崇高的爱国主义、革命英雄主义精神和坚贞不屈的民族气节，他们用生命和鲜血谱写出一首气吞山河的壮丽诗篇。为继承和弘扬狼牙山五勇士不屈的斗争精神，在五勇士跳崖处现建有狼牙山五勇士纪念塔。

华北军区烈士陵园

华北军区烈士陵园位于河北省省会石家庄市，占地21万平方米，是我国兴建早、规模大、建筑规格高的著名烈士陵园之一，是1948年秋经朱德总司令提议，为了纪念牺牲在华北大地上的革命烈士而修建的。1950年3月动工，1954年8月1日建成并对外开放。国际主义战士白求恩和柯棣华大夫、回民支队司令员马本斋、"子弟兵母亲"戎冠秀等均安葬在这里。

园区整合了红色人文景观和绿色自然景观，形成了一条南北景观主轴、三条东西景观次轴的景观格局，设纪念瞻仰区、历史文化区、雕塑区、碑林区、烈士墓区、园林休憩区等六大功能区，成为集纪念瞻仰、文化教育、生态旅游于一体的多功能综合性园区。

白求恩·印度援华医疗队纪念馆

　　白求恩·印度援华医疗队纪念馆于1972年建成，占地面积1280平方米，并列3个展厅，中间为序厅，西侧为白求恩事迹陈列厅，展厅运用大量的图片和文物，生动记述了白求恩在中国的战斗生活历程，并运用光、电等布展手段再现了白求恩从加拿大温哥华跨越浩瀚的太平洋来到中国，辗转晋察冀抗日前线的生动场景。东侧为印度援华医疗队事迹陈列，利用场景复原法等现代化的布展手段展现了印度援华医疗队成员在华的战斗经历，并且展出了柯棣华大夫使用过的桌椅、油灯以及巴苏大夫的护照等大量珍品。

白求恩在孙家庄小庙抢救伤员

1939年10月14日，白求恩大夫率医疗队参加打击日寇的摩天岭战役，在涞源与易县交界的孙家庄村边小庙前，为八路军伤员做手术，抢救他们的生命。白求恩大夫在手术中不幸被感染，11月12日病逝于唐县。毛泽东撰写了著名的《纪念白求恩》文章，高度评价了白求恩伟大的国际主义精神，称赞他"是一个高尚的人，一个纯粹的人，一个有道德的人，一个脱离了低级趣味的人，一个有益于人民的人"。

白求恩雕像

　　诺尔曼·白求恩（1890—1939），加拿大共产党员、国际共产主义战士，著名胸外科医师。1938年3月31日，白求恩率领一个由加拿大人和美国人组成的医疗队来到中国延安，1938年11月至1939年2月，率医疗队到山西雁北和冀中前线进行战地救治，4个月里，做手术300余次，救治大批伤员。1939年11月12日因败血症医治无效在河北省唐县黄石口村逝世，终年49岁。

双凤山革命陵园

河北省双凤山革命陵园始建于1974年，位于省会石家庄西郊，整个园区由北凤山、南凤山和双凤湖组成，占地面积20多万平方米。陵园担负着管理、维护烈士纪念建筑物和各类纪念设施，编辑撰写英模人物宣传资料和纪念文章，开展革命传统教育和爱国主义教育等重要职能。

陵园主要纪念建筑设施有英模事迹陈列馆，中国革命摄影第一人沙飞纪念馆，著名学者、书法大家黄绮艺术馆，文坛伉俪田汉安娥纪念塑像，全国著名劳动模范吕玉兰、耿长锁雕像，著名妇女运动领袖、石家庄第一位女共产党员朱琏塑像等。陵园历经30多年的开发建设，自然与人文景观、传统与现代文化有机结合，成为省会石家庄建设早、规模大、环境美、功能全、品位高、距离市区较近的大型综合性陵园。

田汉、安娥夫妻雕像

田汉、安娥是一对革命情侣。安娥（1905—1976），河北获鹿人。中国近代著名剧作家、词作家、诗人、记者、翻译家，抗日战争爆发后，安娥任战地记者，随田汉转武汉、重庆、桂林、昆明等地，积极从事战时儿童保育和妇女工作。

田汉（1898—1968），本名田寿昌，湖南省长沙县人。剧作家、戏曲作家、电影编剧、小说家、词作家、诗人、文艺批评家、文艺活动家，中国现代戏剧三大奠基人之一。他创作歌词的歌曲《万里长城》的第一段后来成为中华人民共和国国歌《义勇军进行曲》的歌词。

吕玉兰、耿长锁雕像

　　吕玉兰（1940—1993），河北临西人，1958年入党，1971年任中共河北省委副书记，1974年兼河北省农委副主任，1977年任中共河北省委书记（当时设第一书记）、省革命委员会副主任，1981年任中共正定县委副书记，1985年任河北省农业厅副厅长、农

业厅党组成员。1993年3月31日，吕玉兰因病治疗无效，在省会石家庄逝世。

耿长锁（1900—1985），河北饶阳人，中共党员，曾任河北省第四届政协副主席和第五届人大常委会副主任。1951年、1979年两次获"全国农业劳动模范"称号，是中共八大至十一大代表，第一、第二届全国人大代表。

宋璉之墓

石家庄第一位女共产党员朱琏塑像

　　朱琏（1910—1978），女，江苏溧阳人，现代针灸专家。青年时代毕业于志华医学院，曾被聘为正太铁路医院医生。1935年加入中国共产党，同年参加革命工作。因革命工作需要，1936年在石家庄开设"朱琏诊所"。石家庄人民为了纪念朱琏，特地在双凤山革命陵园为她树立了汉白玉塑像。

中国革命摄影第一人沙飞雕像

　　沙飞（1912—1950），原名司徒传，广东开平人。1937年10月参加八路军。先后担任晋察冀军区新闻摄影科科长、晋察冀画报社主任、华北画报社主任等职。沙飞是中国革命摄影事业的先驱者、组织者和领导者，中国摄影史上划时代的人物，是中国摄影史上第一个提出摄影武器论的人，是中国革命军队第一位专职摄影记者，是中国共产党领导的第一个新闻摄影机构的第一任领导者。

沙飞纪念馆

　　纪念馆展出了沙飞各个时期的照片、史料及手迹。展览分"追求真理""开创革命摄影事业""培养革命摄影人才""创办《晋察冀画报》""永恒的历史瞬间""不朽的功勋"等专题，全面展示了沙飞短暂而绚丽的人生。展厅陈列的沙飞印章、烟袋锅儿、底片箱、马鞍子、高凳和车轮子等，均为沙飞生前使用的原物。

冀东烈士陵园

　　冀东烈士陵园坐落在唐山市路南区陵园路2号，占地面积7.5万平方米。1955年经河北省委、省政府批准建设，1958年清明节落成并向社会开放。主体建筑有古典牌楼式大门、烈士纪念塔、烈士纪念馆和烈士墓区。

冀东烈士陵园烈士纪念塔

　　沿冀东烈士陵园主甬路往北，在洁白的3层玉石护栏内，是通体汉白玉砌成的烈士纪念塔。塔高34.5米，汉白玉塔身顶部三重飞檐，飞檐上端是一颗硕大的钢化玻璃红星，象征着烈士们崇高的献身精神。塔身四面分别镌刻着朱德、林伯渠、彭德怀、萧克的题词："为人类解放事业而牺牲的烈士们永垂不朽""气壮山河　功昭日月""烈士之血　革命之花""烈士们的革命精神永垂不朽"。

冀东烈士纪念馆

　　冀东烈士纪念馆位于冀东烈士陵园中部，建筑面积2149平方米，由纪念堂、陈列馆、影视厅组成，共计8个展厅，馆名由萧克将军题写。馆内由国家级专家设计布展，陈列有冀东革命烈士斗争业绩，主展线长度为255米，辅助展线长60米。陈列内容的时间跨度为1919—1949年，空间跨度为河北、辽宁、内蒙古及京、津二市部分地区。内容设计在成功运用"人""史"结合的基础上，着重加大了"物"的分量，所展文物、实物（包括复制品）达千余件。烈士纪念馆北部为通体汉白玉装饰性拱桥，拱桥北部为烈士墓区，总面积为4749平方米。冀东烈士陵园自1958年正式开放以来，一直是唐山及周边地区进行爱国主义教育的重要场所，每年都要接待数以万计的各界参观群众。

丁振军烈士铜像

丁振军（1913—1944），1913年出生于河北滦县，1928年考入滦县汇文中学，毕业后任小学教员。1934年加入中国共产党。以教员身份为掩护，从事党的地下工作，发动群众，发展党组织。1940年，任冀东东部行政办事处主任，组织群众进行抗日斗争。1942年，任中共路南工委书记兼路南办事处主任。后任中共冀东四地委书记、十三地委书记兼十三军分区政治委员等职，积极领导根据地军民开展反"扫荡"游击战争。1944年，在丰润县杨家铺战斗中壮烈牺牲。

洪麟阁烈士铜像

　　洪麟阁（1902—1938），原名洪占勋，号洪侨，满族人，热河省遵化市（今属河北省）地北头村人，八路军冀东抗日联军副司令员兼第三路总指挥。1921年就读于直隶法政专科学校。1925年任冯玉祥部军法官，后任国民革命军第二集团军军法处处长。1933年在家乡开展抗日活动。

　　1938年10月，在与日军激战中头部负重伤。旋见日军踊至，奋力投出仅有的一枚手榴弹，炸倒数名日军。继而又多处负伤，自戕殉国，时年36岁。遗体葬于别山崖顶，民众称为"洪山岭"。朱德曾评价说："洪麟阁是我们革命队伍非常需要的爱国知识分子，也是我们党非常需要的军事人才。"2014年9月，洪麟阁名列第一批在抗日战争中顽强奋战、为国捐躯的300名著名抗日英烈和英雄群体名录。

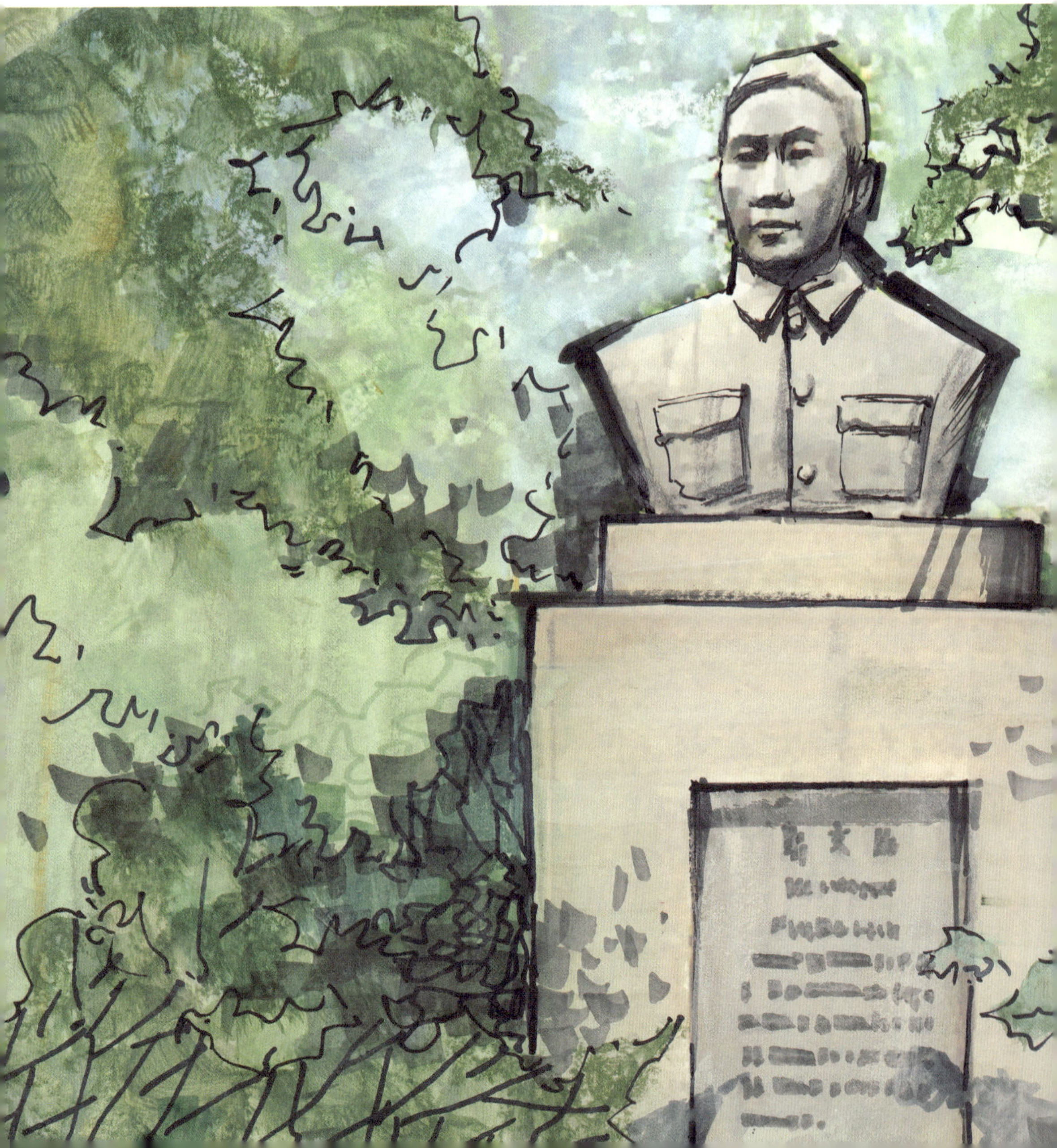

周文彬烈士铜像

　　周文彬（1908—1944），原名金成镐，朝鲜族抗日烈士，1926年在北京潞河中学加入中国共产主义青年团。同年，18岁的周文彬由其二哥金永镐介绍加入中国共产党。1943年，冀东抗日游击根据地进一步扩大。7月7日，中共中央北方局决定：改冀东地委为中共冀热边特别委员会（简称冀热边特委），下设第一至第五地委，周文彬任特委组织部部长。1944年，转移突围时牺牲，年仅36岁。2015年8月，被列入民政部公布的第二批在抗日战争中顽强奋战、为国捐躯的600名著名抗日英烈和英雄群体名录。

晋冀鲁豫烈士陵园

　　晋冀鲁豫烈士陵园是我国建设较早、规模较大的全国著名革命烈士纪念地，是全国重点烈士纪念建筑物保护单位、全国爱国主义教育示范基地、全国百家红色旅游经典景区。

　　陵园位于具有3000多年光辉灿烂历史文化的名城邯郸，分南北两院，总面积21.3万平方米。主要纪念建筑有烈士纪念塔、人民英雄纪念墓、陈列馆（晋冀鲁豫革命史迹陈列）、烈士纪念堂（晋冀鲁豫革命烈士事迹陈列）、左权将军纪念馆、左权将军墓、"四八"烈士阁、晋冀鲁豫人民解放军烈士公墓等。安葬有八路军副参谋长左权、中共中央北方局军委书记张兆丰、抗日民族英雄范筑先、一等杀敌英雄赵亨德、王克勤等二百多名为国捐躯的优秀指挥员和著名战斗英雄。园内纪念建筑高大壮观，气势雄伟，园区环境恬静优雅，松柏苍翠，草坪葱郁，鲜花争妍竞秀。

晋冀鲁豫烈士纪念塔

晋冀鲁豫烈士纪念塔，巍然耸立，雄伟壮观。圆形台基直径23米，塔高24米，整体呈方锥体。台基青石祭坛上的白色大理石浮雕刻有火纹、云纹与五星，背面有火炬与橄榄枝。塔身上部正面刻有红五星，背面是金色的党徽，而顶端的红色五星直入云霄，象征着革命先烈经受血与火的洗礼，记录着中国人民艰苦的革命斗争历程和中国革命的伟大胜利。毛泽东的题词"英勇牺牲的烈士们千古无上光荣"镌刻在塔的正面。

晋冀鲁豫烈士陵园人民英雄纪念墓

　　人民英雄纪念墓，是坐落在2500平方米台上的半球体纪念革命英烈的象征性纪念建筑，直径13米，高11米。与墓相连的石碑上刻有刘伯承、陈毅、徐向前等的题词。纪念墓三面松柏环绕，并与正面两侧的大型群雕"八路军""民兵"浑然一体，气势恢宏，庄严肃穆。

左权将军墓

　　左权（1905—1942），字孳麟，号叔仁，原名左纪权。湖南醴陵人，黄埔军校一期生，是中国工农红军和八路军高级将领，无产阶级革命家、军事家。1925年加入中国共产党。1942年5月，日军对太行抗日根据地发动大"扫荡"，左权指挥部队掩护中共中央北方局和八路军总部等机关突围转移，壮烈牺牲，年仅37岁。

　　左权将军墓，由碑亭和墓体组成。碑亭横额上刻有谢觉哉的题词"人民共仰"，两侧是"大节忠贞彪史册，正气磅礴壮山河"，汉白玉墓碑上的"左权将军之墓"为周恩来所题。

"四八"烈士阁

　　"四八"烈士阁，双层六角传统塔式楼阁建筑。是为纪念1946年4月8日因飞机失事而遇难的王若飞、秦邦宪、叶挺、邓发、黄齐生等13人而修建的。阁上竖匾和横匾为林伯渠所题，阁内有雕像、烈士生平和毛泽东的题词。

张兆丰烈士之墓

　　张兆丰（1890—1930），又名献瑞，字兆丰，中共早期党员、中共六大代表，曾任中共北方局军委书记。1890年出生于河北省磁县彭城镇（今属邯郸市峰峰矿区），1908年加入中国同盟会，1924年列席国民党一大，后任国民党直隶省党部执行委员。当年5月，加入中国共产党，负责直隶省农运工作。1928年在苏联出席中共六大，回国后进入顺直省委工作，曾任省委委员兼军委副书记、军委书记。1930年到河北磁县等地组织农民暴动，任中共北方局平汉北段"兵暴"委员会委员。在河北栾城领导"兵暴"工作时被捕。11月遭杀害，其灵柩安葬于晋冀鲁豫烈士陵园。

冀南烈士陵园

　　冀南烈士陵园位于河北省邢台市南宫市，占地22万余平方米，建于1946年3月，是河北省建园较早，占地面积较大，埋葬烈士较多的陵园之一。主要建筑有冀南烈士纪念塔、冀南烈士纪念碑、烈士骨灰室、烈士公墓、烈士单身墓区、英烈堂、铭碑廊、影视厅、冀南革命斗争纪念馆等。冀南革命斗争纪念馆占地700余平方米，馆名由原冀南军区领导胥光义题写。馆内展示着冀南地区从建党初期至全国解放各个时期的革命斗争历程。

该陵园1989年8月被列为全国重点烈士纪念建筑物保护单位，1995年5月被河北省委、省政府公布为河北省爱国主义教育基地，2009年5月被中共中央宣传部公布为全国爱国主义教育示范基地。

冀南烈士纪念塔

　　冀南烈士纪念塔是冀南烈士陵园的主体建筑，冀南烈士纪念塔位于陵园入口西侧，柏油路北侧，纪念塔塔高29.5米，塔盘用7000余块青石砌成，塔身南面是毛泽东的题词："为国牺牲，永垂不朽"，塔身北面是邓小平的题字："冀南烈士纪念塔"。

冀南革命纪念馆

　　冀南革命纪念馆是冀南烈士陵园另一大型建筑，冀南革命纪念馆位于冀南烈士纪念塔北侧，冀南革命纪念馆和冀南烈士纪念塔由一条水泥板路连接，在馆、塔中间，一条东西路与南北路交叉，形成一个十字路口，东西路两端各有一座拱门，东拱门上书"加强团结"，西拱门上书"浩气长存"，坐落在十字路口东北角和西北角的是1949年建成的两座小型纪念碑。

冀南烈士陵园烈士纪念亭

　　冀南烈士纪念塔西面是1986年落成的烈士纪念亭，亭内的汉白玉碑上刻有徐向前、陈再道、王任重的题词及原冀南地区近千名县团级以上的烈士英名。

冀南烈士陵园烈士单身墓区

　　烈士单身墓区位于冀南烈士陵园公墓广场西侧，墓区内安葬着模范县长郭企之、游击队长刘文信、晋冀鲁豫野战军团政治处主任董振修等100位烈士的遗骨。每座墓都是用花岗岩石砌筑，上面黑花岗岩石板刻有烈士生平简历。整个墓区坐落在鲜花绿丛之中。

冀南烈士陵园烈士公墓

　　冀南烈士陵园南部为墓区，1959年建成的烈士公墓位于冀南烈士纪念塔南侧。墓内安放着土地革命、抗日战争、解放战争中牺牲的633名无名烈士的遗骨。

察哈尔烈士陵园

察哈尔烈士陵园位于张家口市桥东区陵园路，东西长近500米，南北长230米，呈坐东朝西的长方形。园内绿化率达80%，是华北地区筹建较早、建筑规模较大的烈士陵园之一。园区于1951年落成，是为纪念原察哈尔省在抗日战争和解放战争中光荣牺牲的烈士而建。主要建筑有革命烈士纪念塔、察哈尔革命纪念馆、纪念广场、牌坊、喷水池和烈士墓等。

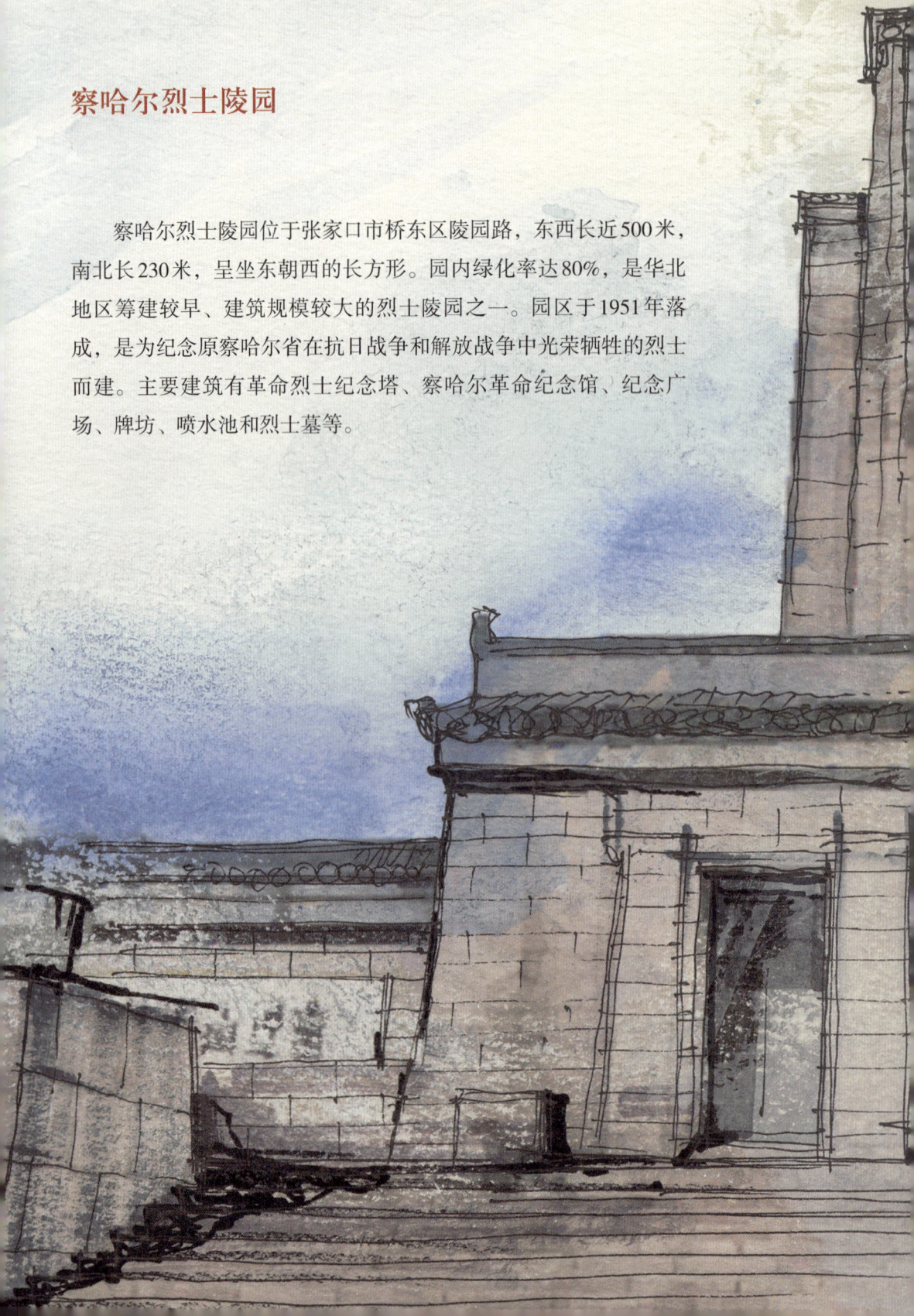

该陵园于1990年被河北省人民政府确定为河北省重点烈士纪念建筑物保护单位，2009年3月被列为全国重点烈士纪念建筑物保护单位，2017年1月入选全国红色旅游经典景区名录。

察哈尔烈士陵园革命烈士纪念塔

革命烈士纪念塔是察哈尔烈士陵园的主要建筑物。纪念塔塔高28米，塔座占地面积3700平方米，塔身正面有"革命烈士纪念塔"七个大字。纪念塔正厅内安放着一尊1米多高的银质革命烈士纪念鼎，在墙壁上记录了在抗日战争、解放战争和抗美援朝战争中英勇牺牲的6703名烈士的英名，塔内设有骨灰堂，存放着烈士及老红军骨灰。

察哈尔烈士陵园功德牌坊

　　功德牌坊位于察哈尔革命烈士纪念塔正前方145米处，功德牌坊高12米、宽23米，琉璃瓦顶，牌坊两侧分别题有"大公大勇、永垂不朽"和"无私无畏、虽死犹生"的横匾，以缅怀先烈的革命精神。

察哈尔革命纪念馆

　　察哈尔革命纪念馆于2012年3月26日在张家口市察哈尔烈士陵园内落成，纪念馆面积2000平方米，馆内陈列了烈士遗物、照片、事迹等，集中展示了为察哈尔解放而牺牲的革命先烈和仁人志士的丰功伟绩。纪念馆采用现代化的观展手段，让参观者能够身临其境地感受到察哈尔革命的历史沿革。

董存瑞烈士陵园

　　董存瑞烈士陵园位于河北省隆化县城西北的苔山脚下、伊逊河东岸，是为纪念全国著名战斗英雄董存瑞烈士而修建的。经过几次大规模扩建，现占地9.16万平方米。陵园是具有民族风格和鲜明时代特色的仿古建筑，园内建有纪念牌楼、烈士纪念碑、董存瑞烈士塑像、烈士墓、纪念馆、碑林等13项主体建筑。陵园中还珍藏了老一辈革命家、学者、知名人士为董存瑞烈士题词、书画210余件。

作为全国爱国主义和革命传统教育基地，董存瑞烈士陵园以重大节庆日和纪念日为契机，组织丰富多彩、特色鲜明的主题教育活动，充分发挥基地感染人、教育人、激励人的作用。现在董存瑞烈士陵园年接待参谒者近38万人次，同时接待了众多党和国家领导人，成为人们接受爱国主义教育、国防教育、廉政教育、革命传统教育的重要场所和展示隆化县形象的窗口。

董存瑞烈士墓

　　董存瑞烈士墓始建于1954年，由青砖石砌成，建在一座低矮的平台上，陵墓的形状与民间的坟茔类似，墓前立有一块足有坟茔两倍高的墓碑。现在园内的董存瑞烈士墓建于1975年，分为上下两部分，底层是高1米的正方形平台，烈士墓建在平台上，陵墓分为两部分，下边是直径高3.85米的圆柱形墓墙，上边是半径2.93米的圆形穹顶，烈士墓的正面立有一座碑，碑高3.5米，上边雕刻着一颗五星，碑心石是高1.93米、宽0.54米的汉白玉，上面镌刻着"董存瑞烈士之墓"。

隆化董存瑞烈士纪念馆

　　董存瑞烈士纪念馆始建于1961年，馆为单檐五脊歇山砖房，上覆红板瓦，总高7.5米，面阔21.5米，进深7米；1992年在革命烈士纪念馆旧址上重新修建董存瑞烈士纪念馆，建筑面积688.5平方米，这座长30米、高15.4米的仿古建筑，由张永鹏总体设计，隆化县城建局设计室主任衣守斌具体设计。现在的董存瑞烈士纪念馆建于2008年，建筑面积为2300平方米，馆内共有8个展厅，通过5大部分的内容和声、光、电、投影技术的配合，生动地展现了董存瑞光辉的一生。

董存瑞烈士牌楼

　　董存瑞烈士牌楼建于1961年，属董存瑞烈士陵园的早期建筑，它的形制是仿朝鲜中国人民志愿军烈士陵园牌楼所建，该建筑高7.5米，牌楼上借用了毛泽东当年为南京雨花台革命烈士纪念碑题写的"死难烈士万岁"这6个金色大字，象征着革命精神与山河共存。

热河烈士陵园

　　热河烈士陵园位于著名的历史文化名城承德市。园区依山就势，坐西朝东，占地面积8万平方米，其主体建筑均在一条中轴线上。馆区内松柏苍翠，建筑古朴，与历史文化名城格调相映生辉。陵园内主要建筑有纪念碑和陈列馆。

　　热河烈士陵园为弘扬爱国主义精神，教育广大青少年和加强精神文明建设作出了突出的贡献，是承德市青少年入队、入团，新党员入党、新战士入伍宣誓和广大人民群众进行爱国主义和革命传统教育的重要场所，是集教育与游览为一体的花园式单位，并已成为承德市展现城市形象的重要窗口。

热河革命烈士纪念馆

　　热河革命烈士纪念馆位于河北省承德市双桥区翠桥路西9号。纪念馆依山就势，坐西朝东，其主体建筑均在一条中轴线上。走进大门拾阶而上，依山就势的98级台阶寓意着中国人民永远不忘"九一八"国难，随着台阶的逐步升高，一种崇敬庄严的感觉油然而生。通过长达百米的宽阔甬道，占地1200平方米的纪念碑主体建筑展现在眼前。塔身断面为长方形，花岗岩石结构。塔冠以黄、蓝两色琉璃瓦饰顶。塔座为石砌，高低两层。碑身正面是朱德亲笔题写的"革命烈士永垂不朽"八个金色大字。

热河革命陈列馆

　　热河革命烈士纪念碑的后面是陈列馆。展厅正面悬挂着萧克将军题写的"陈列馆"牌匾。馆内展出的是热河人民自1919年五四运动至1955年12月热河省撤销建制，英雄的热河军民在中国共产党的领导下，为了摆脱外来势力，谋求民族解放、人民幸福，顽强抵抗侵略者的革命斗争史和革命先辈的英雄事迹。

孙永勤烈士雕像

　　此图为热河烈士陵园内的孙永勤雕像。孙永勤（1893—1935），热河兴隆（今属河北）人。1931年"九一八"事变后，孙永勤积极进行抗日救亡活动。1935年5月24日，孙永勤在指挥少数部队掩护主力向热河方向突围时，壮烈牺牲，时年42岁。2014年9月1日，被列入民政部公布的第一批300名著名抗日英烈和英雄群体名录。

冀中烈士陵园

冀中烈士陵园坐落于河北省河间市曙光西路。

冀中区是中国共产党领导的八路军在华北敌后创建的平原抗日根据地。抗战胜利后，冀中区扩大至51个县（市），范围东滨渤海，西至平汉铁路，南界滏阳河，北接京津。冀中人民有着光荣的革命传统，无数先烈为抗击外来侵略和中国人民的解放事业献出了宝贵的生命。他们前赴后继，敢于斗争，不怕牺牲，谱写了一曲曲血与火的壮歌。

冀中烈士陵园正门面北，大门东侧的"冀中烈士陵园"六个大字由时任中共中央政治局常委宋平题写。正门迎面为冀中烈士陵园广场，纪念馆在广场南面。陵园南端是无名烈士墓，在纪念馆与无名烈士墓之间的中轴线上，巍然矗立着冀中革命烈士纪念碑。

冀中革命烈士纪念碑

　　冀中革命烈士纪念碑坐落在烈士纪念馆与无名烈士墓之间的中轴线上，高11米，花岗岩饰面。在抗日战争和解放战争中，英雄的冀中军民在中国共产党的领导下，英勇战斗，流血牺牲，前赴后继，为打败日本法西斯和争取全民族的解放作出了巨大贡献，并为支援战争输送了数以万计的优秀儿女。在冀中这片沃土上，先后有数万中华儿女为国捐躯，他们用鲜血筑就了一个新中国。

马本斋烈士墓碑

　　马本斋，男，回族，共产党员，河北沧州献县人，抗日战争时期八路军冀中军区回民支队的创建人，抗日民族英雄。他率领回民支队驰骋在冀中平原，英勇善战，威名远扬，毛泽东称其为"百战百胜的回民支队"。1944年随部队赴延安途中，马本斋带状疱疹发作，又感染肺炎，病逝于山东莘县。2009年9月，马本斋被中央宣传部、中央组织部等11个部门评选为"100位为新中国成立作出突出贡献的英雄模范人物"。

高蠡暴动纪念馆

　　高蠡暴动纪念馆坐落在河北省保定市高阳县城东南15公里西演镇北辛庄村南。占地面积1.05万平方米，为省级爱国主义教育基地。纪念馆为塔式建筑，塔高16米，分3层，塔外横壁书"高蠡暴动殉难烈士纪念塔"。3层内壁绘有反映暴动经过的系列画卷，塔内陈列着暴动中使用过的武器及其他纪念物，塔内纪念碑分别镌刻着烈士姓名和暴动主要组织指挥者宋洛曙、蔡书林两位烈士的传记。

　　1932年8月27日，高阳、蠡县一带的农民在中共河北省委和保属特委的直接领导下，掀起了一场震撼华北、影响全国的反对国民党反动统治的大规模的农民武装暴动。暴动队伍主要活动于蠡县的宋家庄至高阳县的北辛庄，打击反革命武装，解救贫苦百姓后经过整编，正式成立河北红军游击队第一支队，并建立了地方苏维埃政府，极大地振奋了广大人民群众的革命精神。这次暴动，展现了高蠡人民英勇顽强的斗争精神和坚定不移的革命信念，涌现出大量可歌可泣的英雄人物。在暴动中，先后有47名同志牺牲，他们的感人事迹，至今还被人民广为传颂。

李大钊纪念馆

　　李大钊纪念馆坐落在河北省乐亭县新城区大钊路，经中共中央批准兴建，于1997年8月16日落成开馆，胡锦涛出席开馆仪式。纪念馆占地130亩，建筑面积8656平方米。主要景点包括：李大钊生平事迹陈列展览、李大钊纪念碑林、李大钊故居。

　　李大钊纪念馆既是李大钊生平业绩的展览馆，又是爱国主义教育基地；既是研究李大钊的中心，又是独特的旅游景区。先后被确定为全国首批百个爱国主义教育示范基地之一，全国百个红色旅游经典景区之一，全国三十条红色旅游精品线路之一，全国20家"我最向往的党史纪念地"之一，全国精神文明建设先进单位，全国廉政教育基地，国家国防教育示范基地，国家4A级旅游景区。李大钊纪念馆现已成为进行革命传统教育、爱国主义教育、党史教育、精神文明建设的重要基地和旅游圣地。

李大钊纪念馆牌楼式的正门上镶嵌着江泽民题写的馆名。馆内8根功绩柱象征其功绩，38级台阶象征李大钊走过的38年人生岁月。在纪念馆主楼西侧还建有李大钊纪念碑林。

李大钊纪念馆瞻仰大厅

　　李大钊纪念馆瞻仰大厅内，安放着李大钊汉白玉座像，座像高3.6米，神态沉静，面容和蔼可亲。座像背面是邓小平的题词："共产主义的先驱，伟大的马克思主义者，李大钊烈士永垂不朽。"

李大钊红楼办公室

　　李大钊于1917年冬受聘于北京大学图书馆，次年，他出任图书馆主任。红楼建成投入使用后，图书馆便设在红楼一层，李大钊的办公室就设在红楼东南角的房间里。当时，很多师生都喜欢来图书馆他的办公室，既方便读到新书，还可以聊天。他的办公室也因此得了个"饱无堂"的雅号。在李大钊的带动下，一批热心学习和传播马克思主义的进步青年经常聚集在这里研究、讨论。这在客观上为后来马克思学说研究团体以及北京共产党早期组织的成立奠定了基础，也为后来的中国革命播撒下追求马克思主义真理的种子。

唐县白求恩柯棣华纪念馆

　　白求恩柯棣华纪念馆坐落在河北省保定市唐县城北2公里钟鸣山下。纪念馆占地面积45950平方米，建筑面积3250平方米，整个建筑群雄伟壮观，气势恢宏。金碧辉煌的琉璃瓦顶，与环抱它绵延起伏的苍松翠柏交相辉映。斗拱飞檐的纪念馆，南低北高的花岗岩条石台阶，云脊碧瓦的迎门牌楼，与四周青墙灰瓦、错落有致的围墙浑然一体。透过牌楼，可以看到主轴线上落差22米高的主建筑群。整个建筑为中国传统的民族形式，造型精美，并因其独特的建筑风格被列入德国法兰克福《世界工艺美术大辞典》。

　　坐北朝南的纪念馆正门是中国传统建筑，象征功德与永恒的牌楼。胡耀邦题写的"唐县白求恩柯棣华纪念馆"的馆名，镶嵌在门额正中。步入正门，迎面是用印度红花岗岩建造的卧碑。卧碑正上方刻有白求恩和柯棣华的浮雕头像，下方

镌刻着中、英文对照的生平简介。拾级而上，登上108级台阶回首南望，唐县城景尽收眼底，放眼远眺，定州开元寺塔远在天际。纪念馆主建筑群分为"两馆一堂"，北侧中央八角形结构的是纪念堂，"纪念堂"由聂荣臻元帅亲笔题名，可容纳近千人，用于举办临时展览和各种纪念活动，西侧是白求恩纪念馆，东侧是柯棣华纪念馆，在连接"两馆一堂"的长廊里设计制作了4组大型铜浮雕，分为"率队东征""鱼水情深""战地救护""自力更生"4个主题。

怀来董存瑞烈士纪念馆

　　董存瑞烈士纪念馆，坐落在英雄的故乡——河北省张家口市怀来县存瑞镇南山堡村。董存瑞，1945年参加八路军，在仅仅两年多的战斗生活中荣立大功三次，小功四次，荣获三枚"勇敢"奖章和一枚毛泽东奖章。1948年5月25日，在解放隆化的战斗中，舍身炸碉堡壮烈牺牲，年仅19岁。战斗结束后，中国人民解放军第十一纵队党委追认董存瑞为战斗英雄、模范党员，并命名他生前所在班为"董存瑞班"。不久，冀热察行政公署决定将隆化中学改名为"存瑞中学"。1950年9月，全国战斗英雄劳动模范代表大会追认董存瑞为全国战斗英雄。

　　为纪念董存瑞的不朽业绩，隆化县和怀来县分别修建了董存瑞烈士陵园和董存瑞烈士纪念馆。

马本斋纪念馆

马本斋纪念馆位于河北省沧州市献县本斋乡本斋村北，是为纪念抗日民族英雄马本斋而修建的。"九一八"事变后，马本斋回家乡组建回民义勇队，后改编为冀中军区回民教导队。1939年，马本斋任八路军第三纵队回民支队司令员，取得了南花盆、前磨头、程家庄、康庄等一系列战斗的胜利，回民支队被冀中军区誉为"打不烂、拖不垮、攻无不克的铁军"。日寇"五一大扫荡中"，马本斋在这里以"牛刀子剜心"的战术，率精锐部队乘夜色以雷霆之势直捣孙良诚伪司令部，解放并开创了鲁西北大片根据地，被冀鲁豫党委书记黄敬称为"后起的天才军事家"。

1944年1月中旬，马本斋在率部奔赴延安的途中，因连年作战，积劳成疾，不幸以身殉国。

3月17日，延安各界代表300余人隆重举行追悼大会。毛泽东的挽词是"马本斋同志不死！"朱德总司令的挽词是"壮志难移，回汉各族模范；大节不死，母子两代英雄"，周恩来的挽词是"民族英雄，吾党战士"。1944年，经上级批准，为纪念民族英雄马本斋，东辛庄被命名为本斋村。2004年献县县委、县政府建立马本斋纪念馆，并对外开放。2005年被确定为全国爱国主义教育示范基地，2006年入选全国百家红色旅游经典景区。

在纪念馆前的广场中矗立着马本斋挥舞战刀跃马冲锋的英姿雕像。雕像下的底座很有风格，是一个长约20多米、宽2米、南高北低呈慢坡状的梯形底座，马本斋的骑马雕像就耸立在约3米高的南端。整个雕像看上去气势如虹，势不可挡。

马本斋戎装立像

步入马本斋纪念馆，迎面看到的就是马本斋烈士的戎装立像，威武而庄重。从1937年至1944年，马本斋率领回民支队，不惧牺牲，浴血奋战，奋勇杀敌，经历大小战斗870余次，歼灭日伪军3万余人，在广阔的冀中平原和冀鲁豫边区，所向披靡，屡建战功，打得日本侵略军闻风丧胆。

董振堂事迹陈列馆

董振堂事迹陈列馆坐落于河北省邢台市新河县城内迎宾街西、新华路北振堂公园内，是为纪念红军早期高级将领、宁都起义主要领导人之一董振堂将军而建，主要包括事迹陈列馆、铜像、广场、碑林、故居和墓地等6部分。

董振堂将军铜像位于陈列馆前，铜像高2.6米，重3吨，材质为紫铜，底座高1.88米。陈列馆建筑面积782平方米，其中序厅100平方米，主厅400平方米。布展运用照片、图画（油画、国画）、图表、地图、文物、沙盘、雕塑、灯光、音响等艺术表现手法，展示董振堂追求光明、投身革命、浴血奋战直至悲壮牺牲的光辉历程。序厅包括前言、董振堂将军雕像和毛泽东的题词。主厅共分追求光明、宁都起义、保卫苏区、铁流后卫、西征苦战、光照千秋6部分。陈列馆北侧为董振堂碑林，树林四周立有42块石碑，象征着董振堂将军一生走过的42年辉煌岁月。其中有毛泽东、朱德、徐向前等党和国家领导人的手书字碑，董振堂的战友和当代领导人对董将军的赞语字碑。

董振堂雕像

董振堂（1895—1937），字绍仲，邢台新河人，宁都起义主要领导人之一，是河北省参加过长征的高级别红军将领，历任红五军团军团长、红五军军长，当选为中华苏维埃共和国中央执行委员、中革军委委员，荣获中华苏维埃共和国临时中央政府授予的最高荣誉奖章——红旗勋章。1932年4月加入中国共产党，1937年1月攻占甘肃高台县城。1月12日，西北军阀马步芳、马步青指挥2万余兵力围攻高台。董振堂指挥红五军坚守阵地，浴血奋战九昼夜，给进攻之敌以重大杀伤，终因弹尽粮绝于20日和全军3000多名将士一起壮烈牺牲，时年只有42岁。董振堂为中国革命事业建立了不可磨灭的功勋。在2009年的双百人物评选中，董振堂被评为新中国建立作出突出贡献的百位英雄模范人物之一。

在董振堂事迹陈列馆序厅里，鲜花簇拥着董振堂半身雕像和毛泽东的手书大字"坚决革命的同志"。

董振堂

1895-1937

158

直隶省立第七师范纪念馆

　　直隶省立第七师范纪念馆位于河北省邯郸市大名县城北关的邯郸学院大名分院校园内。直隶省立第七师范学校创办于1923年，在国民党统治的白色恐怖时期，被誉为中国共产党培养革命人才的地下党校和"直南革命策源地"。从这里走出的学子经过革命的洗礼，舍生忘死，保家卫国，把毕生精力甚至最宝贵的生命献给了党的事业。1945年5月，刘伯承、邓小平等亲临视察，称赞"七师"是一所红色革命的学校。

　　纪念馆以"七师"时期的光辉历史为素材，用记事的手法展示历史，以照片、文字、文物、实物为主，并辅以景观、油画、雕塑和影视片。整个展览展现了学校先辈们艰苦创业、拯民救国的崇高革命理想和不朽业绩，讴歌了七师传播马克思主义、培养党的干部，为直鲁豫一带党组织的建立和发展以及为抗日武装和根据地建设作出的重大贡献。

　　该馆始建于1983年，2009年被公布为省级爱国主义教育基地，2011年被公布为省级国防教育基地。2011年经省市批准重建新馆，建筑面积1700平方米，2013年10月23日新馆正式开馆，原全国人大常委会副委员长彭珮云题写馆名。直隶省立第七师范纪念馆在社会各界的支持下，已成为全省一流的爱国主义教育基地、国防教育基地、红色旅游景区，成为党史研究、教育史研究基地和对外宣传交流的重要窗口。

革命银行家
谢□臣同志

直隶省立第七师范创始人塑像

　　首任校长谢台臣同志是我党早期优秀党员，革命教育家。他提出并极力推行的"以作为学"教育主张在中国教育史上独辟蹊径，成绩斐然。在他的带领下，"七师"进行了一系列大胆的教育革新，废除国民党教育部审定的教科书，开设革命进步课程，反对旧文化，倡导科学与民主，为推动直隶南部一带新文化运动作出了重大贡献。

留法勤工俭学运动纪念馆

留法勤工俭学运动纪念馆位于河北省保定市金台驿街原保定育德中学旧址，是一所历史专题类博物馆。五四运动时期的中国青年，在新文化运动和反帝爱国斗争的影响下，为寻求救国救民的知识和真理，大批赴法国开展勤工俭学以"输世界文明于国内"。纪念馆内保存并展示了有关这段历史的珍贵照片和资料。

对留法勤工俭学运动文物史料的收集整理工作始于1978年，随后经多次的修改补充并最终审查同意后，"留法勤工俭学运动简史展览"在北京、湖南、四川、广东等省巡回展出，受

到各界广泛的欢迎和好评。中共中央于1983年2月指示在留法勤工俭学运动的发祥地保定建立了留法勤工俭学运动纪念馆。1992年6月，时任中共中央总书记江泽民为纪念馆题写了馆名。1994年9月，纪念馆被中共河北省委、河北省人民政府公布为河北省爱国主义教育基地。1995年11月，中共保定市委、保定市人民政府将纪念馆公布为保定市爱国主义教育基地。

幼云堂

　　幼云堂为留法勤工俭学纪念馆第二进院落主建筑，正门悬石刻匾额"幼云堂"，该建筑原为1936年为缅怀留法勤工俭学运动的发起者、育德中学第一任校长陈幼云先生所建的纪念堂，现为育德中学的校史馆。

白洋淀雁翎队纪念馆

　　白洋淀雁翎队纪念馆位于雄安新区白洋淀景区白洋淀文化苑内，是河北省爱国主义教育基地，馆名由曾率部驰骋冀中战场的开国上将吕正操亲笔题写。雁翎队是抗日战争时期活跃在白洋淀的一支水上游击队。雁翎队队员大都是大张庄、郭里口等附近村落的村民。十四年抗战中，他们利用白洋淀河湖港汊、芦苇等天然的屏障，用大抬杆、火枪、渔叉等武器同日军展开了一场艰苦卓绝的游击战争。

馆内分设18个主题鲜明的展厅，通过大量翔实珍贵的历史照片、图表、文献资料、流传下来的实物、形象雕塑等，并运用声光电、三维动画立体成像、大屏幕投影等现代化艺术手段，生动再现了闻名中外的白洋淀雁翎队神出鬼没、英勇顽强、机智灵活地打击日寇的生动场面和光辉战斗历程。雁翎队纪念馆建设规范、展品丰富、观众踊跃。2020年9月1日，入选第三批国家级抗战纪念设施、遗址名录。

白洋淀文化苑正门

　　白洋淀文化苑位于京津冀腹地——雄安新区的安新县境内，是白洋淀雁翎队纪念馆所在的文化旅游景区，展现了白洋淀地区优美的生态文化、悠久的历史文化、革命传统文化、淳朴的民俗文化等。景区内的风景民俗文化游与白洋淀雁翎队纪念馆相得益彰，丰富了白洋淀地区红色旅游的体验。

全国第一个农村党支部纪念馆

　　全国第一个农村党支部纪念馆位于河北省衡水市安平县台城村。1923年弓仲韬奉中共北京区委指示，秘密回到了原籍安平县开展革命工作，吸收思想进步、向往革命的弓凤洲、弓成山加入了中国共产党。1923年8月，弓仲韬、弓凤洲、弓成山三人组建了中共安平县台城特支，弓仲韬任书记，受中共北京区委直接领导。这是中国共产党第一个农村党支部，支部设在弓仲韬家里。中共安平县台城特支的诞生，是一个具有划时代意义的重要开端，这一革命火种的诞生，对以后几年甚至几十年中国农村，尤其是北方农村党的建设，团结和带领农民群众抗击外来侵略，反抗封建压迫和剥削，实现农民的彻底解放等，产生了重要影响。

2002年，安平县兴建了"两个第一"（全国第一个农村党支部、河北省第一个县委）纪念馆，并先后两次对馆内展览进行改陈，使之成为了回顾党的历史、进行爱国主义教育的一个重要场所，后被确定为省级廉政教育基地和省级爱国主义教育基地。

全国第一个农村党支部纪念馆广场红色雕像

　　带有党徽的火红色背景石雕与前面的人物雕像相互配合，展现了以弓仲韬等为代表的革命先辈建立全国第一个农村党支部的光辉历程。

安平县台城村远景

　　弓仲韬在李大钊的引领下，接受马克思列宁主义先进革命思想，回到家乡安平县台城村建立了全国第一个农村党支部，该图片以空中俯视的角度展现了纪念馆广场和台城村的远景。

保定第二师范纪念馆

　　保定第二师范纪念馆位于河北省保定市莲池区西下关街与裕华西路交会处。它创建于清光绪三十年（1904年）九月，创办人为近代著名教育家、时任直隶学校司督办的严修先生。

　　保定第二师范始称"保定初级师范学堂"，隶属于直隶省学务处。

1909年改称"直隶第二初级师范学堂";1912年改称"直隶第二师范学校",隶属直隶省教育司;1928年6月随省易名"河北省立第二师范学校",隶属河北省教育厅;1932年9月改称"河北省立保定师范学校"。新中国成立后定名为"河北保定师范学校",但民间仍沿袭"保定二师"的称谓。

1931年"九一八"事变后,保定二师学生积极开展抗日救亡活动。国民党当局视保定二师为眼中钉,1932年5月勒令二师提前放暑假,开除贾良图等35名学生并撤换校长。保定二师师生为此进行了爱国护校革命斗争。1932年7月6日,为镇压二师师生,国民党当局制造了震惊华北的"七六"惨案。

郭隆真旧居

　　郭隆真旧居位于邯郸市大名县金滩镇，自成院落，坐西面东，占地面积约600多平方米，为两进院落，大门外有上马石，二门为屏风，两侧有耳房，西面上房为两层楼房建筑，房顶五脊六兽，共九间，南北两侧有厢房，中华人民共和国成立后拆除，院落分隔划开，20世纪80年代末以来逐步修复并陈列有郭隆真烈士生平事迹，为市重点文物保护单位。

清风店战役烈士陵园

清风店战役旧址位于定州市留早镇西南合村。

1947年10月，晋察冀野战军在河北省定州市发起"清风店战役"，歼灭国民党军1.7万余人，对扭转华北战局起到了关键性作用，为解放石家庄和党中央、毛泽东进驻西柏坡指挥"三大战役"创造了有利条件。

新中国成立后，定州市人民政府为纪念具有重大历史意义的"清风店大捷"，缅怀革命先烈，在当年战场的中心——定州市留早镇西南合村，修建了清风店战役烈士陵园。

涉县新华社暨邯郸·陕北新华广播电台旧址

涉县新华社暨邯郸·陕北新华电台旧址位于邯郸市涉县西戌镇沙河村，是全国著名的新闻广播革命传统教育基地。目前旧址保存完好，由播音窑洞、编辑部、食堂、仓库、电台井、电台广场等部分构成，总占地面积约6.67万平方米。

解放战争时期，邯郸·陕北新华广播电台长期驻扎于涉县，廖承志等一大批新闻界前辈在这里战斗生活过。在看不见硝烟的战场上，新闻工作者们将党中央、毛泽东的重要指示和战略反攻的声音，通过红色电波传遍中华大地，为解放战争胜利和新中国诞生发挥了重要的作用。

苏蒙联军烈士纪念塔

苏蒙联军烈士陵园

　　苏蒙联军烈士陵园坐落在河北省张家口市张北县城南15公里，陵园由纪念塔、纪念碑和烈士墓三部分组成，是为纪念抗日战争中在此牺牲的苏蒙联军烈士而建。

　　烈士纪念塔上镌刻着聂荣臻、乌兰夫、谢觉哉、张苏的题词，展览厅还陈列着郭沫若、叶圣陶、萧三等人的题词。战争的硝烟虽已经散去，但苏蒙烈士们高尚的国际主义精神永远鼓舞着我们，激励着我们热爱和平，反对战争，珍惜美好宝贵的幸福生活。

中共中央华北局城工部泊头旧址

    中共中央华北局城工部泊头旧址位于河北省泊头市政府南1500米的胜利街北头。中共中央华北局城工部的前身是1941年1月成立的中共晋察冀分局城市工作委员会；1944年9月改称城工部；1945年抗战胜利后为晋察冀中央局城工部；1948年5月，晋冀鲁豫中央局与晋察冀中央局合并，成立中共中央华北局，原晋察冀中央局城工部改称中共中央华北局城工部。

　　1948年2月至12月，中共中央华北局城工部自沧县搬迁至此，并在此为确保平津战役的胜利做了大量卓有成效的工作，收集了北平、天津等方面的大量情报，为党中央在解放平津中的战略决策和战术实施提供了可靠依据，培训了大批共产党员和进步学生，接纳了众多民主人士，并将他们安全转移到解放区，为解放战争的胜利作出突出贡献。

中国人民银行成立旧址纪念馆

　　中国人民银行成立旧址纪念馆位于石家庄市中华北大街与兴凯路交叉口路东，又称小灰楼。1941年建成，1942年为日伪华北建设总署石门河渠工程处。1945年日军投降后，曾为国民党先遣军司令侯如墉的司令部。1947年11月石家庄解放，小灰楼成为首届中共石家庄市委办公驻地，后移交给晋察冀边区银行使用。1948年秋，中国人民银行筹备处从西柏坡迁至小灰楼。同年12月1日，中国人民银行在这里宣告成立，同日，小灰楼内发行了我国第一套人民币。新中国成立后，人民银行总行迁往北京，小灰楼被移交给当地驻军。小灰楼承载着展现革命历史、再现新中国金融业无限辉煌的重任。在时间上，架起了一座横跨历史岁月的宏伟桥梁；在空间上，小灰楼与西柏坡等革命纪念地成为激励人们继承革命传统的强大精神动力。

华北大学旧址

1948年8月24日，华北大学举行隆重的开学典礼。这所大学以培养为新民主主义社会服务的政治、经济、文化艺术、教育等方面的干部为办学宗旨，吴玉章任校长，成仿吾、范文澜任副校长，钱俊瑞任教务长。

从1948年8月到1949年年底的华北大学，是由华北联合大学演变继承而来的，是中国人民大学的前身。翻开中国人民大学的历史可以发现，从1937年起，历经了陕北公学、华北联合大学、华北大学、中国人民大学四个主要阶段，而其中从1948年8月到1949年年底的华北大学时期，人大校址就设在河北省石家庄市正定县城。

栖贤楼

栖贤楼是一栋白色的二层小楼，设有露台和拱门。楼南面的门前左右两侧各有一棵300年树龄的松柏，虽是古树，却仍苍劲青翠，这座小楼掩映在古树之中，显得别有韵味。吴玉章和丁玲都曾在这里办公。

后　记

　　为贯彻落实习近平总书记关于弘扬革命文化、传承红色基因的系列重要讲话精神，切实把革命文物保护好、管理好、运用好，发挥好革命文物在党史学习教育、革命传统教育、爱国主义教育等方面的重要作用，教育部高等学校社会科学发展研究中心、高等学校中国共产党革命精神与文化资源研究中心、牡丹江师范学院组织编写了《红色旧址手绘系列读本》。

　　编写动议始于2017年，经过几年的磨合，形成了以图证史、以省域为单位分卷绘制的总体框架。每卷以中国共产党领导全国各族人民进行革命、建设、改革的伟大奋斗历程为主线，以承载重大历史事件或重要历史人物活动的革命旧址为主要绘制对象，以艺术的张力展现百年大党的光辉历程、伟大成就和宝贵经验。

　　自2020年2月启动以来，理事会秘书处多次邀请有关党史专家对系列读本的编写提纲、书稿初稿和修改稿进行专题研讨和集中审读，就系列读本的风格体例、总体框架、绘制方法、艺术表现等内容进行了多次研讨。在此过程中，注意充分发挥集体攻关的优势，统一思想，协调行动，确保编写质量。

　　系列读本由教育部高等学校社会科学发展研究中心主任王炳林、牡丹江师范学院原副院长（现黑河学院院长）杨敬民任总主编，朱喜坤、储新宇任执行主编，崔文龙、朱博宇、张翔参与了书稿的审改工作，并做了大量的组织协调工作。全书由王炳林、杨敬民负责统改定稿。

　　系列读本实行分卷主编负责制。本卷由河北师范大学负责组织编写，河北师范大学党委书记戴建兵任主编。参与本书编绘的人员有崔强、车晓光、赵学琳、李辉、李海新、刘庚伍、刘凤军、吴三喜、王爱兰、王青青、冯冬蕾、万海霞、葛盼盼、薛立杰、徐田、李春峰。仝华、胡振江、安巧珍审改了书稿。中共河北省委党史研究室对全书认真审读、严格把关，确保了史料的真实性和准确性。

　　本书是2021年度国家社科基金重点项目"中国共产党革命精神谱系研究"（项目编号：21ADJ011）的阶段性成果，是教育部社科中心基本科研业务费专项资金项目"中国共产党百年红色文化研究"（项目编号：GY202006）的成果，得到了牡丹江师范学院中国抗联研究中心的大力支持，得到了中国文史出版社的大力支持，在此表示衷心感谢。

　　由于编写者水平有限，不足之处在所难免，欢迎专家学者和广大读者批评指正。

系列读本编委会

2021年12月